Instants

Léa Le Diouris

Illustré par Lino Grant

ISBN-13 : 9781687686107

À tous ceux qui se sont déjà retrouvés
en tête à tête avec leurs émotions.

REMERCIEMENTS

Tout d'abord, merci à mes parents qui m'ont toujours encouragée et qui, lorsque je leur ai annoncé que je voulais auto-éditer un recueil de poèmes, m'ont répondu « super ! » avec le sourire.

Un grand merci à Lino sans qui ce recueil ne serait pas paré d'aussi belles illustrations. C'est un honneur d'avoir pu travailler avec toi.

Merci à Émilie qui, dès le début, m'a encouragée à publier mes poèmes.

Merci aux deux Manon, à Alizéa, à mon frère et à ma grand-mère d'avoir lu les poèmes pour me donner leur avis sincère et ainsi me permettre d'améliorer mes textes. Merci à Romane qui m'a toujours conseillée lorsque j'en avais besoin et a soutenu le projet dès le début.

Merci à tous ceux qui, depuis qu'ils ont su que j'écrivais, me suivent et me demandent régulièrement des nouvelles de mes écrits. Vous me motivez chaque jour un peu plus et votre intérêt me touche.

Et surtout, merci à toi, lecteur, de t'être laissé tenter par ce recueil. J'espère que certains de mes mots résonneront auprès de toi.

TABLE DES MATIÈRES

ÉCRIRE

J'ai décidé d'écrire
Pour coucher sur papier
Les émotions
Enfouies dans mon cœur
Que je n'arrive pas à extérioriser
Afin d'éviter qu'elles ne me fassent suffoquer

Ces poèmes sont le fruit
Des tourbillons qui m'animent
Et qui ne demandent qu'à être libérés

IMPRESSION

J'ai l'impression d'être entendue
Et non pas écoutée
J'ai l'impression d'être présente
Mais en même temps déconnectée
J'ai l'impression de ne pas vivre
Mais de sommeiller
Comme si tout n'était qu'une façade
Pour cacher une énorme mascarade
Qui serait celle de ma vie
Se déroulant sans bruit
Sans que quiconque ne me remarque
Et sans le sentiment
Qu'une place
M'appartienne vraiment

SANS ARRÊT

Dans ta tête tournent
Des milliers de pensées
Toutes
Désordonnées

La pression t'étouffe
Impossible d'y échapper
Tu veux juste enfouir ton esprit
Au plus profond
Là où plus rien
Ne pourra t'atteindre

Fais ceci
Fais cela
Du travail sans arrêt
Mais quand vas-tu pouvoir
Respirer

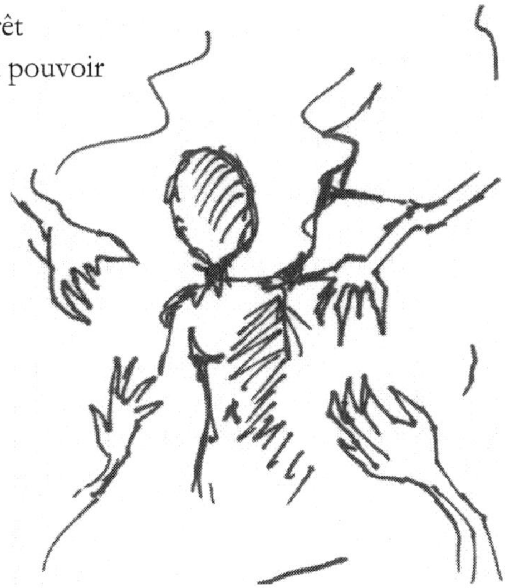

RESPIRER

Alors même que tout semble s'écrouler autour de toi
Tu essaies de te rappeler de respirer
Et que si tu arrives à prendre une bouffée d'air
Peut-être que tout s'arrangera
Tu te bas pour que l'air rentre
Parce que ta respiration est sifflante
Et que les larmes sur tes joues te font haleter
Tu as beau trembler de la tête aux pieds
Tu sais que si tu arrives à respirer
La situation ne pourra que s'améliorer
Parce qu'après tout
Comment pourrait-elle empirer

ZÈBRE

Fonds-toi dans la masse
N'attire pas l'attention
Ne fais rien qui les agace
Un mot maître : discrétion

On te dit que la différence
Est une chance
Relève la tête
Ne sois pas muette

Les regards aiguisés
Tu dois être forte
Les supporter

Adaptation
Compréhension
Acceptation

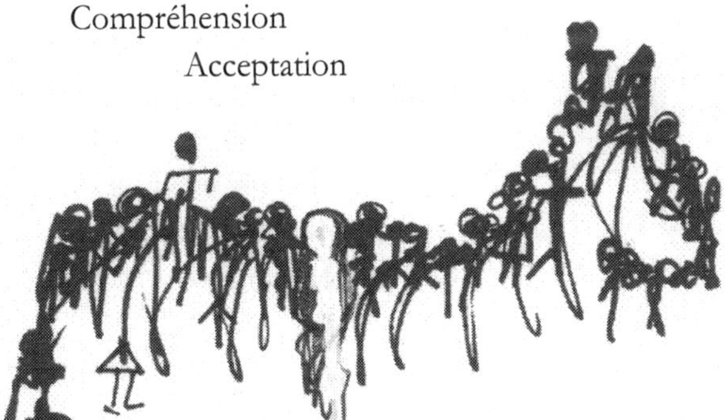

MUSIQUE DOUCE

Une note
Deux notes
Il ne t'en faut pas plus
Pour replonger dans les souvenirs
Pour revivre des moments
    Si doux
        Si amers
Ou peut-être même un peu des deux

HAÏKU 1

Traits de pinceaux flous
Sur toile blanche vide
Moyen d'expression

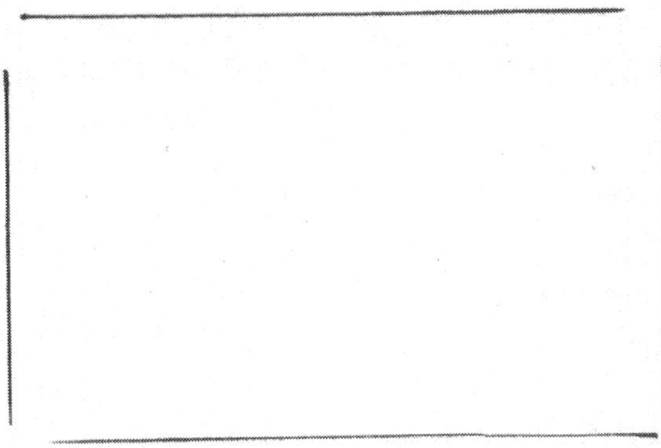

ÉPHÉMÈRE

Un rideau tombe sur les pavés
Des cordes de larmes
Dont le cri désespéré
Est aussi dévastateur qu'une arme

Des éclaboussures sur les fenêtres
Obstruent notre vision
Donnent un rendu peu net
Comme une réalité avec omission

Un bruit sourd
Qui frappe fort
Le monde ne tourne
Il s'arrête sans effort

Tout est étiré
Le temps est arrêté
Mes yeux se posent doucement
Sur les flaques se formant

Sortir
    Se mouiller
        Partir
            Oublier

Et quand nous rentrerons
La réprimande ronchon
D'une mère rabat-joie
Qui nous réchauffera

L'eau infiltrée
Dans nos cheveux
Dans nos tenues négligées
Ils nous feront les gros yeux

La joie intense
Le moment d'oubli
D'infini
Pour longtemps encore danse
Dans notre esprit ouvert
Ouvert pour l'éternité à la Terre

Un cadeau des cieux
Un nuage de pluie

ÉTÉ

L'été se profile sous le soleil,
Les préparatifs très tôt,
Notre regard se porte sur le ciel,
Sur notre futur presque éclos.

Nous arpentons les sols,
Faisons claquer nos talons,
Pour que sous les parasols,
Nous soyons comme à la maison.

La mer nous tend les bras,
La campagne nous attire en son sein,
Pour qu'ici ou là-bas,
Notre été soit serein.

PENSÉES

Tes pensées tourbillonnent
Sans volonté apparente
D'un moment s'arrêter

Tu as beau tout faire
Dans l'espoir de les faire taire
Rien ne semble fonctionner

Tu tentes de faire le vide
Mais elles reviennent toujours
Insidieuses
Pour te rappeler
Ce que tu aimerais oublier

Elles t'emmènent
Sur une voie
Qui ne te plaît pas
Mais il t'est impossible de leur échapper
Elles sont ton maître
Et tu es à leur merci

ET SI

Et si
Tout n'était qu'un vaste mensonge

Et si
Ce n'est pas qu'on t'aimait
Mais qu'on te supportait

Et si
Les rires échangés
Étaient tous forcés

Et si
Les questions posées
N'étaient qu'une politesse affichée

Et si
Les remarques ironiques lancées
Comportaient leur fond de vérité

Alors il ne resterait plus qu'une chose : la solitude

MORCEAUX

Un jour il m'a fallu
Me rendre à l'évidence

Ces personnes que j'aimais
Que j'aimais et admirais
N'éprouvaient pour ces sentiments
Aucune réciprocité

En découvrant cette vérité
Mon cœur s'est fissuré

J'ai alors recollé les morceaux brisés
Et dit à mon cœur que non
Il ne fallait plus s'attacher

ILLISIBLE

Tu aimerais que quelqu'un
Te perce à jour
Qu'il arrive à lire ton cœur

Tu sais que ça n'arrivera pas de sitôt

Pour qu'on puisse te déchiffrer
Tu ne dois pas oublier
Que toi
Tu dois connaître
Ton propre cœur

Bien que ce ne soit pas encore le cas

TOI

Et quand tout sombre autour de moi
Une seule constante est toujours là
C'est toi

Tu me maintiens à flots
Quand je veux me laisser emporter
Tu m'aides à sortir de l'eau
Quand j'ai trop plongé

Ta présence m'aide à lutter
Tu ranimes la flamme de l'espoir
Lorsque tout paraît dérisoire
Rien qu'en étant à mes côtés

Alors quand je suis au plus bas
Je regarde autour de moi
Et je te vois, toi

MESSAGE

Mon cœur s'emballe
Lorsque ton nom apparaît sur l'écran
Mes mains tremblent
Alors que je t'écris ma réponse

Je souris en lisant tes mots
Je t'imagine m'écrivant
Bien que j'ignore totalement
Ce que tu ressens

J'aimerais y croire
Mais sans te voir
Il m'est tellement plus simple
De penser que de l'autre côté
Tes réactions reflètent les miennes

CONVICTION

Tu aimerais tellement
N'y porter aucune importance
Pouvoir t'en détacher
Mais cela semble si compliqué

Au fond de toi
Bien que tu essaies de prétendre le contraire
Tu sais que tu y fais attention
Que cela t'importe
Alors tu ne veux pas seulement prétendre
Tu tentes de te convaincre
    Toi
Pour te libérer de cette emprise
Qui exerce sur toi une pression
Bien trop dérangeante

RIVALE

Tu ne comprends pas
La rivalité
C'est un concept qui t'échappe
Mais qui semble cher
À ceux que tu croyais sincères
Alors tu réalises qu'elle prend la place
De l'amitié
Que tu pensais qu'ils éprouvaient

HYPOCRISIE

À la pensée
De ces amitiés qui sonnent faux
Tu ne peux que rire
Bien que ton cœur se serre

Il faut croire que l'hypocrisie
Est une meilleure amie
Que tu ne pourras jamais l'être
Puisque c'est elle
Que tout le monde choisit

HAINE

Notre indifférence
S'est transformée
En colère et en haine
Qui, en symbiose,
Nous ont poussées
Dans des coins sombres
De notre personnalité
Jusqu'à ce qu'on puisse
    Enfin
Réussir à se détacher

À JAMAIS

Sentiment
Impression
Pressentiment
Raison

Le changement
La distance s'établit
L'éloignement
Un nouveau groupe d'amis

Des paroles retenues
Une discussion qui n'arrivera jamais
Des pensées confuses
Un énervement refoulé

Une remarque en plus
Le rejet soudain
Tout va trop loin

L'explosion
La fureur
La confusion
Aussi, une erreur

À notre amitié,
    À jamais.

SENSIBILITÉ

Les mots coulent sur le papier
Ils s'enchaînent avec une facilité
Presque déconcertante

Alors que si tu ouvres la bouche
Ils se bousculent
Et s'entrechoquent
Accompagnés d'émotions mal cachées
Par une sensibilité que tu ne sais maîtriser

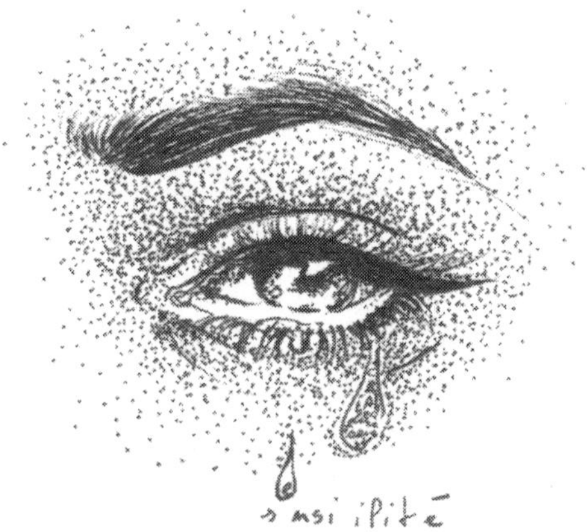

(IN)CONNUE

Il ne t'a fallu
Que quelques semaines
Pour t'immiscer dans ma vie
Tu n'étais qu'une inconnue
Et pourtant
Tu as su écarter cette part de moi
Qui se méfie

Nos longues conversations
Du matin jusqu'au milieu de la nuit
Ont fait grandir
Petit à petit
L'importance que tu avais dans ma vie

Pourtant de nouveaux pans se dévoilent
Cachés sous ta façade joviale
Et une question me tiraille :
T'ai-je jamais vraiment connue ?

Des hauts et des bas,
Le climax,
    Et puis
        Plus rien.

CŒUR

Tu essaies
De fermer ton cœur
Pour t'empêcher de ressentir
Ces émotions indésirables
Mais il ne semble pas t'écouter
Il continue à battre un peu plus fort
Alors même que ton esprit lui intime d'arrêter

SOUVENIRS

Beaucoup déplorent
Avoir consacré du temps à des gens
Qui aujourd'hui
Ne font plus partie de leur vie

Les amis ne sont pas figés
Ils vont et viennent
Laissant derrière eux
Des souvenirs brûlants

Je ne ressens aucun regret
Même pour ceux que je méprise maintenant
Car sur le moment
J'ai adoré vivre à leurs côtés

ENCRÉ

Des rêves pleins la tête
Voilà qui pourrait plutôt bien nous décrire

On s'immerge dans nos recherches
Dans ces envies de disparaître
De partir
    Ensemble

Et un jour
Nous serons à deux
Côte à côte
Un sac à dos et des tatouages sur la peau
Et alors rien
    rien
Ne nous arrêtera plus

SUPERFICIEL

Te lever tôt
Chaque jour
Pour pouvoir t'apprêter
Pour pouvoir modifier
    Ton reflet dans le miroir
C'est devenu mécanique
Chaque geste s'ensuit sans même plus de plaisir
Ce n'est qu'une habitude

Alors tu réfléchis
Quand est-ce que tout a commencé ?
    Ça fait bien trop d'années
Subitement
Tu sens qu'il faut que ça change
Tu ne peux pas te laisser manipuler
Par cette superficialité
Tu dois t'en dégager

Alors tu sors
Visage au soleil
Sans aucun artifice
Sur ta peau imparfaite
Les regards se retournent
Ils te scrutent
    toi
Toi et seulement toi
Pas ce masque que tu portais
Depuis tant d'années

RÊVER

Tu rêves
Yeux ouverts
Car c'est ce que tu sais le mieux faire

Tu t'envoles vers d'autres lieux
Là où rien ne peut t'atteindre
Et où tout semble merveilleux

Tu rêves que tout se déroule
Comme tu le souhaiterais
Et que ton bonheur soit assuré

Puis tu te rappelles
Que si tout était si parfait
Il n'y aurait pas de défi dans ta vie
Que tu n'expérimenterais pas
Toutes ces émotions
Qui t'animent même si parfois
Elles blessent

Alors tu reviens à la réalité
Tu écoutes ce qui se passe autour de toi
Et tu vis dans l'instant
Pour continuer ces expériences
Qui te font grandir
Chaque jour un peu plus

RÉALITÉ

Mon imagination
Me joue souvent des tours

Les scénarios défilent dans mon esprit
Me donnent des centaines de vies

Puis un jour
La réalité décide de s'en inspirer
Et les faits se rapprochent
De mes pensées

Un sentiment de panique me saisit
Car la réalité
Ne sera jamais à la hauteur
Des rêves savourés

Elle ne pourrait l'être
Pas vrai ?

L'imagination est bien plus sûre
Que la réalité
Car dans mes pensées
Je ne dépends que de mes idées

LIRE

Tu lis
Pour oublier

Oublier
Que ta réalité
Ne sera jamais à la hauteur
Et ne te procure pas autant de bonheur
Que ces simples mots

Pour oublier
Aussi
Que ta vie
N'a rien d'un roman
Et que tu ne pourrais être
Protagoniste

Alors tu plonges
Dans ce flot de mots
Qui t'aident à t'évader
Et à tout oublier

DÉCONNECTER

Tu aimerais te déconnecter
Un peu de tout
Mais surtout de la réalité
Cette réalité qui t'angoisse
En te rappelant tes pires erreurs
Et tout ce que tu n'arrives pas à réaliser
Qui semble pointer du doigt
Chacune de tes faiblesses
Et attacher à tes pieds
Des poids paraissant impossible à enlever
Alors tu fermes les yeux
Tu mets la musique à fond
Et tu essaies de te déconnecter
Bien qu'on te rappelle toujours à la réalité

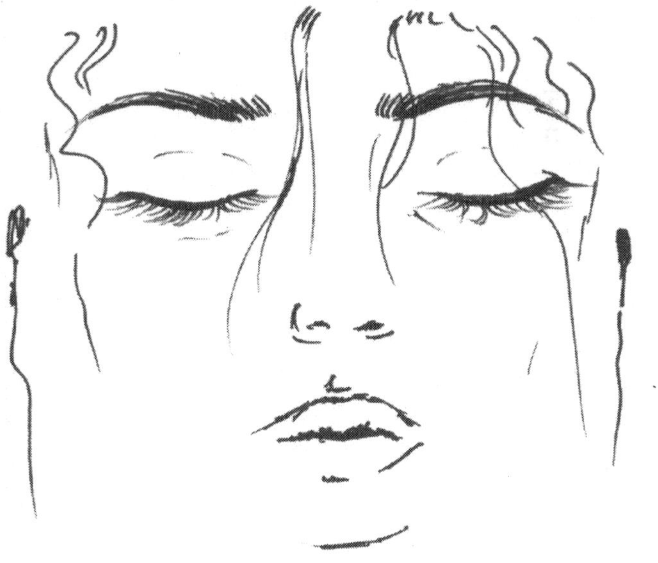

MOTS

Les mots qui s'enchaînent sur les pages
Tu les engloutis
L'un après l'autre
Jusqu'à ce qu'ils te remplissent

Alors tu n'as plus à penser
Seuls ces mots existent
Ils te permettent de t'évader
    D'oublier
Ne serait-ce qu'un instant

Oublier cette vérité
Que tu préfères ce monde fictif au tien

AMOUR

Tu sais qu'il y a de la beauté
Dans l'amour
Car chaque fois que tu le ressens
Il t'illumine un peu plus
Et ton monde devient meilleur
Tes soucis disparaissent
Tes peurs enracinées
Semblent s'effacer
Et cette insécurité permanente
Que tu ressens au fond de toi
S'évanouit en silence

Alors tu fais tout
Pour garder cet amour
Qui te réchauffe
Et te permet d'exister
Même si parfois
Tes efforts ne sont pas assez

DÉPENDANCE

Une dépendance s'installe avec le temps

Une dépendance
À l'amour
À l'attention
Au rire
Aux échanges
Passionnés ou décalés
À toutes ces émotions
Qui font que tu te sens en vie
En vie et heureuse de l'être
Heureuse de pouvoir profiter
De ces moments partagés
De pouvoir apprécier
Ce qui t'entoure
Et ceux qui t'entourent

Ce frisson de joie
Et d'excitation
C'est ce qui te donne l'envie de vivre
Et d'aller toujours plus loin
Dans l'espoir
De revivre cela

ÉMOTIONS

Expliquer ses émotions
N'est jamais facile

Elles ne sont pas à vos yeux
Toujours valides
Ce qui ne facilite en rien
Cette tâche difficile

Lorsqu'on se lance dans l'explication
On ne peut deviner votre réaction
Parfois bonne
Parfois mauvaise
Dans tous les cas source d'agitation

Alors parfois
On n'y arrive simplement pas
On garde tout pour soi
Bien que ce ne soit pas une solution
On attend la bonne occasion
Sans savoir si elle arrivera un jour
    Ou non

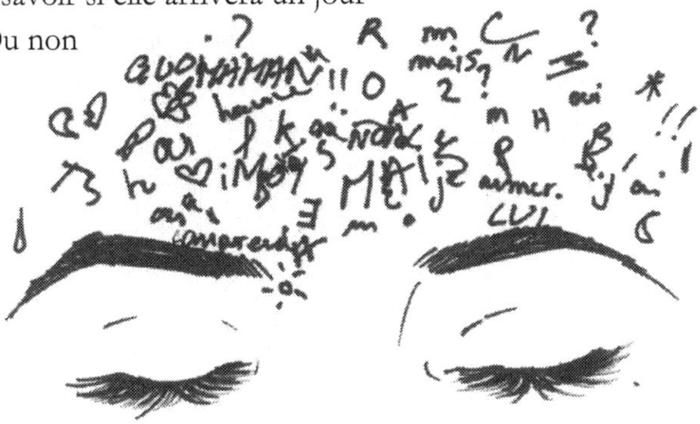

AMOUR 2

C'est à croire que tout l'amour
Que contient mon coeur
Ne pourra pas, même un jour,
Être donné dans toute son ampleur

Sa place grandit
Et il m'envahit
Il m'étouffe

Je ne sais qu'en faire
Car j'ai beau en donner
Il paraît impossible de s'en défaire
Il est toujours aussi présent et compliqué

PAPIER

Mes lèvres aimeraient former
Un millier de mots
Pour exprimer ma pensée
Mais quelque chose
Semble m'en empêcher

C'est pourquoi
Mes doigts pianotent sur le clavier
Pour extérioriser
Tout ce que je n'arrive pas à formuler

Les mots sont au service de mes pensées
Ils révèlent mes sentiments
Jouent avec les sens cachés
Dans l'espoir de communiquer

Car le papier m'a toujours paru plus sûr
Plus sûr et plus conciliant
Que mes lèvres tremblantes
Et ma voix qui trahit ce que je ne voudrais pas

SENTIMENTS

Parfois tu balbuties
Parce que mêmes les mots
Qui sont tes meilleurs amis
T'abandonnent
Et te laissent en tête à tête
Avec tes sentiments
Qui te prennent à la gorge
Et semblent tout te faire oublier
Si ce n'est ton cœur qui bat
Un peu trop fort

DOULEUR

Diffuse
Sournoise
La douleur s'installe

Reste couché
Repose-toi
Guéris

Ce qu'ils ne savent pas
C'est que ton corps a mal
Mais ce n'est pas lui qui crie
    C'est ton esprit

INCONNU

Tu finis par réaliser
Qu'en réalité
C'est l'inconnu
Qui t'effraie

C'est comme un saut dans le vide
Un acte de foi
Qui montre que tu crois en toi
Or ce n'est pas le cas

Cet inconnu
Fait ressurgir tous tes doutes
Te fait te demander
Si tu arriveras à être à la hauteur
Mais puisque la routine
N'est pas une option qui te sied
Il te faudra forcément l'affronter
Alors tu fermes les yeux
Tu mets tes peurs de côté
Et tu sautes
Pieds serrés

SOLITUDE

Parfois la solitude
T'assaillit
Avec une telle violence
Que tu sens ton cœur
Plier sous le choc
Tu sens le vide
Qui se fait en lui
Et ton souffle qui
devient court
Ta gorge qui se noue
En réalisant
Que tu es bel et bien
Seule
Et tu as beau essayer de
te raisonner
Te dire que ce ne peut
être vrai
Ce sentiment est si
profondément enraciné
Que tu ne peux t'en
défaire
Il s'impose à toi
Comme une vérité trop
longtemps dissimulée
Alors tu ne peux que
plier
Devant sa véhémence
Car il paraît impossible
De réussir à combler
Ce trou immense
Qui s'est creusé dans ton
cœur
Et qui ne te donne
qu'une envie
C'est te rouler en boule
Et te vider des larmes
Que contient ton corps
Jusqu'à ce que tu ne
ressentes plus rien
Pas même ce vide
Qui te paralyse
Alors qu'il ne demande
Qu'à être comblé

BRISURES

Tu sembles calme
En apparence
Mais sous cette façade
Tu entends ton coeur
Qui se brise en mille morceaux
Lentement mais sûrement
Sans que tu puisses y faire quelque chose
Alors tu l'observes
Avec un sentiment de vide
Qui se répand au rythme des brisures
Dans ton corps éreinté

HAÏKU 2

La pluie battante
Vient sur les vitres glacées
Taper doucement

PARTIR

L'idée, bien que fugace,
Reste tenace

Partir

Tu t'imagines déjà
Dans un pays que tu ne connais pas
Pas encore du moins
Passeport à la main

Et si partir
Signifiait tout abandonner
Tout
Et tout le monde

Le ferais-tu ?

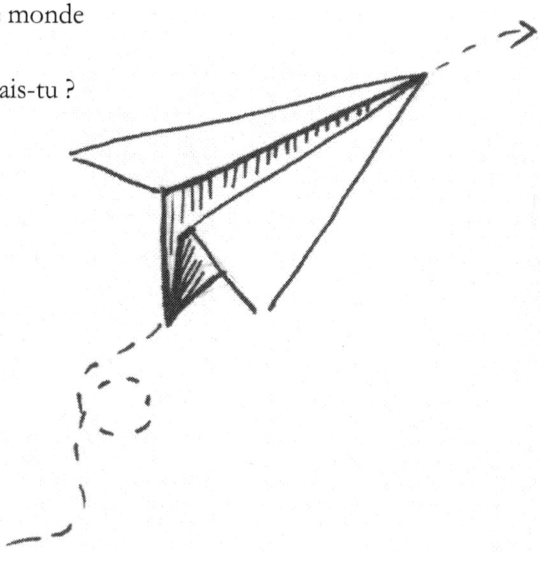

SEUL

Alors même que je me trouve
Au beau milieu d'une foule
Que je suis entourée
De gens que je connais
Une partie de mon cœur
Ressent une solitude intense
Et une partie de mon esprit
Me murmure que je n'ai pas de place ici

Alors je souris par habitude
Je chasse cette petite voix
Et j'enfouis au plus profond de moi
Ce sentiment de solitude
Qui me tenaille
Et ne me quitte pas

SOUTIEN

Tu ne crois pas en toi
Mais tu soutiens les autres
Comme tu devrais le faire pour toi
Or les autres sont sûrement dans le même cas
Alors dis-toi qu'au moins
Même si tu n'y arrives pas
Il y aura toujours quelqu'un
Pour croire en toi
Même si cette personne
Ce n'est pas toi

(IN)CERTITUDE

Tu le sens au plus profond de toi
Une intuition
Une impression
    Suis-la

Oh non
Ne doute pas
Pas de toi

Parce que ta seule certitude
    C'est toi

TEMPS

Le temps passe
Il défile à toute vitesse
Et nous traîne derrière lui
Sans aucun répit
Bien qu'il nous autorise parfois
Une brève respiration

Alors on court derrière lui
En essayant de ne pas céder à l'épuisement

Il nous tend la main
Et nous rassure finalement
Car il n'est pas notre ennemi
Seulement celui qui nous entraîne
À travers la vie

DÉLIVRANCE

C'était peut-être dur
Mais tu l'as fait
Toutes ces fois où tu as voulu abandonner
Mais que tu t'es accrochée
Dans l'espoir de ce moment-même
Dans l'attente de cette libération
Elles prennent subitement tout leur sens
Et tu peux être fière
De ne pas avoir laissé tomber
D'avoir persisté
Parce que ta délivrance
Est encore plus douce
Qu'elle ne l'aurait été

HAÏKU 3

Jolies fleurs fanées
Dont la vigueur s'évapore
À chaque seconde

CLAVIER

Tes doigts pianotant frénétiquement
Sur un clavier malmené
Font résonner dans l'antre silencieuse
Une douce musique obsédante
Bande-son d'une création
De mots couchés sur un papier rétroéclairé

Lorsque cet air retentit
Une fascination t'envahit
Et s'il vient à s'arrêter
Te voilà vide, tes pensées égarées

Alors tu continues
Tu martèles les touches
Dans l'espoir de ne pas interrompre
Ce rythme effréné

EXPLIQUER

En tentant d'expliquer
J'ai compris que je n'étais pas seule
Et que d'autres traversaient les mêmes épreuves que moi
Soudainement mon cœur s'est réchauffé
Mon pouls s'est calmé
Et mon sentiment écrasant de solitude
S'est allégé

INSTANTS

À PROPOS DE L'AUTEUR

Léa Le Diouris écrit depuis son plus jeune âge. À 4 ans, elle écrit déjà ses premières histoires, et à 11 ans, elle crée son blog littéraire « Lectureavie » qu'elle alimente rigoureusement jusqu'à ses 17 ans.

Aujourd'hui étudiante en prépa scientifique, son premier roman *Mise à l'épreuve* paraîtra aux éditions Plumes Solidaires très prochainement.

Facebook : Léa Le Diouris – Autrice

À PROPOS DE L'ILLUSTRATEUR

Lino Grant dessine depuis sa plus tendre enfance et apprend dorénavant à manipuler d'autres univers que le sien, un style simple et monochrome. L'atmosphère du recueil l'a inspirée dès sa première lecture. Le travail effectué la rend fière.

Instagram : @elwhitebird / Lino Grant

Printed in Poland
by Amazon Fulfillment
Poland Sp. z o.o., Wrocław

54060777R00042